ESPEJISMO

ESPEJISMO

JULIA SÁENZ LORDUY

Valparaíso
EDICIONES

Número 502 de la Colección VALPARAÍSO DE POESÍA
dirigida por FEDERICO DÍAZ-GRANADOS

Imagen de portada: Santiago Ambrosio Samper Salazar
Maquetación: Paola Hormechea Cuéllar

Primera edición: abril de 2025
© De los poemas: Julia Sáenz Lorduy
© Valparaíso Ediciones
C/ Fray Leopoldo, 7 Bajo 18014 Granada
www.valparaisoediciones.es

ISBN: 979-13-87538-60-6
Depósito Legal: GR 1128-2025

Impreso en España - *Printed in Spain*
Gráficas Gami

ESPEJISMO

1

Despejando el velo que cubre mi cara, bellamente
desfigurada, miro si al final del camino está el gran río, o
si nuevamente llegaré a él, y encontraré más camino.

2

El cielo se refleja en el asfalto siempre a la misma
distancia inalcanzable.

3

Mi problema es que quiero escribir desde un lugar que
existe más allá de las palabras. De un lugar luminoso
donde el silencio no es una ausencia y en el que puedo
mirar hacia el sol. Sí, es un acto de fé tornarse hacia el
sol cada día, y nacer y morir así, un girasol extendido en
su imposible altura, semillas concentradas en el centro y
rayos que penetran hasta en lo más opaco.

4

El sol es lo que crea la ilusión de un horizonte derretido.

5

Le pregunté al Tarot sobre escribir y me salió la carta del Sol, acompañada del Loco y de la Muerte. En ese momento me estaba leyendo *The sunflower cast a spell to save us from the void* (El girasol arrojó un hechizo para salvarnos del vacío). En la carta del Sol hay un campo de girasoles siendo atravesado por un bebé sobre el lomo de un caballo. El Loco está a punto de poner un pie sobre el vacío, sin saberlo.

6

La Muerte estaba al revés, como algo que me atemoriza, pero que me da fuerza. ¿La salvación y el hechizo? Me da miedo que escribir sea mi lápida.

7

Virginia Woolf, Sylvia Plath, David Foster Wallace (DFW), Andrés Caicedo, Alejandra Pizarnik, escritores malditos que veo flotando en el río Lethe. Aunque yo los mantengo vivos. He poblado mi círculo con fantasmas.

8

Habrá sido escribir lo que los condenó, o estarían ya condenados y por eso escribían.

9

Jung dice que es importante tener un secreto, una premonición de cosas desconocidas. Llena la vida con algo importante, un *numinosum*. Al hombre que no lo haya tenido le ha faltado algo importante.

10

Mi secreto develado es que trato al espejismo igual que al cactus en el camino, como algo real, tangible.

11

¿Usted normalmente es la amante o la amada? Me preguntó esa vez, entre los Chicalás florecidos de Chapinero. Yo le dije que normalmente era la amada, mientras subíamos la colina de mi casa. Y usted me dijo que claro, después de una tusa, los amantes iban a hablar con los amigos, y las amadas a psicoanálisis.

12

Usted adivinó el secreto que no le contaba casi a nadie. Pero ahora, acá, se lo contaré a todos, porque los secretos no existen sin un tercero, y yo quiero ser un secreto sin esconder nada. Quiero ser de esas niñas de las Mil Mesetas que no esconden nada, que son enigmáticas por su propia transparencia. Esas mujeres que todo lo cuentan y al final uno no sabe nada, que esconden por celeridad, por limpidez. Que lo único que se opaque sea por la polarización de dos transparencias.

13

Hay secretos que son realmente astillas, que se han introducido por una herida.

14

Cómo secretar sin tener que evadir la mirada. Que no suba el asco desde los huesos hasta la nariz. Cómo hablar sin tergiversar, ni confundir el sueño con lo visto. Escribir en código sin ofuscar, pero sin engañar al sueño. Todo es filtrado, no importa cómo se cuente, espero que sepan que no soy una narradora confiable, y que esto poco es lo que he podido espichar a través de los poros de la tela.

15

Al escribir yo misma creo acertijos de algo oculto bajo el cielo, completamente visible. Soy mi propia esfinge, y no les digo nada, ni siquiera quién soy, o cómo llegué hasta acá. Ni que está del otro lado, qué ciudad es esa. La verdad es que ni yo sé, pues me he posado al lado de esta gran puerta, esta entrada hecha de piedra y adorada con querubines de mármol, a las afueras de la ciudad acogedora, en el desierto que siempre he conocido. Permanezco inmóvil miles de años a la merced de la arena, y la terrible erosión.

16

Pienso que el Tarot me está diciendo que me arroje
como el loco, con mis perritas compañeras, y
pertenencias (las que no he dejado a un lado de la
calle) colgando de un palito. Y que escriba sobre el Sol,
cuántas veces no lo pensé a usted como el Sol, ya no me
acuerdo ni por qué. Tal vez es porque el hijo de la vida,
el querubín sobre el caballo, sostiene una bandera roja
que simboliza la sangre de la renovación.

17

Si lo enaltezco a usted como un dios, un salvador, un
mesías, lo que hago realmente es enaltecerme a mí como
fiel devota, contando sus encuentros con el divino.

18

Usted es el divino niño, vestido con su túnica rosa clara
y pidiendo al cielo misericordia. En tal caso yo soy la
inclemencia. Las furias. La devota vuelta pagana. El toro
que se arrebata con la bandera roja.

19

The Lover takes ten steps forward. The Beloved takes
fifty back. Sanskrit
poems sing of how the rose trembles whenever
the bee hovers near.
Listen, I have sobbed from pleasure. And I've cackled
over my own tombstone, carved with: *Understanding*

El Amante toma diez pasos adelante. El Amado
cincuenta atrás. Poemas
sánscritos cantan de cómo tiembla la rosa cuando
se acerca la abeja.
Escucha, he sollozado de placer. Y me he reído
sobre mi propia tumba, tallada con: *Comprensión*.

-Robin Coste Lewis, Pleasure & Understanding (mi traducción)

Y si es cierto que la rosa tiembla al acercarse la abeja,
también es cierto que el girasol florece sin la certitud
de que haya una abeja del otro lado. Me preguntaba
si estaba lista para volver a escribir cuando vi un
pequeño pájaro posarse en una mata de mi terraza
y como tomaba el polen de cada flor, primero
delicadamente, pero cada vez con más beligerancia.
Se habría embriagado el pájaro, al final arrancando
las flores al tomar de ellas. Supe que estaba lista, no
porque me creyera pájaro o flor, sino por el hecho de
haberme quedado sentada observando a ese pájaro
entre reuniones laborales.

20

Aunque sí creo ser un híbrido de rosa y de girasol. Una flor de mil semillas rodeadas de los pétalos compactos de la rosa, con el tallo largo y grueso, lleno de espinas. Lleno también de metal, como mi columna, abrazada por platino. Hay que tener cuidado de no creerse Frida Kahlo. Creo que me sirvió haber tenido que aprender a vivir de nuevo, a levantarme de la cama, a caminar, a subir escaleras. Al menos me ha llenado de la convicción de que, de ser necesario, puedo volver a hacerlo.

21

Y es que para el amante, Barthes, en sus Fragmentos de un Discurso amoroso, *es mi deseo lo que deseo, y el ser amado no es más que su agente*. Así, la causa de amar, o de estar enamorado, deja atrás al amado, *feliz de elevarme humillando al otro...sacrifico la imagen al Imaginario*. Así lo que se pierde al irse el otro, no es la persona, sino el imaginario mismo. *Lloro por la pérdida del amor, no de tal o cual*. El otro es solo lo que yo he hecho de él, y ha cobrado valor por ser el objeto de mi deseo, de mi amor. Usted no es más que un mito que yo he creado, su forma real no importa, la puedo descartar porque su realidad no puede alcanzar la belleza de mi fantasía.

22

Desde esa pregunta entre los Chicalás, creo que supo que me perdería, o que yo lo perdería, o que nos perderíamos mutuamente. Aunque lo que me dijera unos años después fuera que "o nunca te tuve, o siempre te tendré, pero no me gusta pensar en eso porque me llena de tristeza." Mi naturaleza vengativa quisiera acá mostrar cómo nunca me tuvo, y sería cierto. También lo sería que siempre lo hará, entre estas páginas. Pero creo que lo más certero es nuestra tristeza compartida de nunca haber tenido más que nuestros propios imaginarios.

23

Lo que sí estableció en esa pregunta es su forma de ver el mundo: como siempre hay un desequilibrio, que alguien es amante y que alguien es amado. Que no se puede ser amante-amado. Alguien tiene que estar siempre dando lo que el otro recibe.

24

Cuando hablo entre un momento y otro, ¿de qué tiempo hablo? Eón: el tiempo de lo que está a punto de suceder o que acaba de suceder, o Cronos: que sitúa a la gente y las cosas, y determina un sujeto. Prefiero vivir en Eón, con nostalgia al pasado y al futuro, que no es nada más que anhelo puro. Digo *prefiero* como si fuera algo que se eligiera. Se salta de Eón a Cronos, pero el lugar en el tiempo no es lo que lo determina, sino es lo que sucede lo que determina el tiempo. Usted y yo le hemos dado puntadas al tiempo, sin continuación. Estábamos aquí y ahora, y luego nos desvanecemos. Aquí y ahora en tantos aquí y ahora. ¿Cómo se corta un hilo que está del otro lado de la tela?

25

Todas estas cosas ocurren en un segundo y duran para siempre.
Te tengo miedo,
Virginia Woolf

26

Esa caminata entre Chicalás es un momento eterno para mí, y en dado caso, siempre me tendrá en ese momento. Y ahora lo excavo, lo saco, estoy sacando todas estas historias enterradas, este escándalo de sueños, porque en este tiempo, ahora, no nos tenemos.

27

Jung habla de que las personas creativas tienen poco poder sobre sus propias vidas, que no son libres, sino cautivas y guiadas por su daemon. Habla de cómo le interesaban profundamente las personas mientras estuvieran conectadas a su vida interna y que de repente desaparecía esa conexión y no tenía nada más que decirles. Se veía como en un campo de batalla con amigos muertos a los que les decía, "te amo, pero acá te tengo que dejar porque, *vergonzosamente, un poder nos quita el corazón. (Hölderlin)*"

28

El daemon insiste en el camino que se debe llevar, el
único camino posible, que no es que esté ya hecho y
nos hayan quitado todo tipo de voluntad. Pero si está
hecho en otra temporalidad, y como el tiempo es eterno,
ha estado hecho siempre, lo encontraremos cuando
lleguemos a ese punto.

29

La inconsistencia es lo que permite mantener la fé, y sólo
cuando el daemon está en silencio se puede lograr cierta
moderación.

30

Freud acusó a Jung de desleal y diría que el daemon
no es más que el inconsciente, obligándolo a uno a ver
lo que no quiere. Como si el inconsciente pudiera ser
solo lo enfermizo. Algo que resolver. Que las estrellas
ya no halen de mi pelo, que la magia se sofoque. Hay
momentos en que pienso que este impulso a resolver es
realmente lo enfermizo.

31

Y eso decía Joan Didion de Doris Lessing, que su impulso hacia las soluciones finales era no solo su gran dilema, sino la gran desilusión de su época. Que después de que Lessing hubiera sido traicionada por todas sus respuestas, desde Freud hasta el movimiento feminista, su única respuesta había sido buscar otras. Didion le admira a Lessing su tenacidad, como es guiada por dudas no solo de qué contar, sino también sobre la validez de contar en absoluto.

32

También yo me pregunto no sólo si vale la pena contar, sino qué cualidad tiene, cómo lo puede afectar a uno y al otro. Leer a Sylvia Plath para mí fue un alivio en un momento, sentirme identificada me hizo sentir menos sola. Tal vez le puede salvar a una la vida la identificación, o el psicoanálisis. Hasta que dejan de hacerlo. Cada cura también se puede convertir en veneno, o en algo más. ¿La catarsis podría funcionar como una droga? ¿Algo que le da un *high* inmediato a uno pero que no lleva a ninguna transformación en este plano?

33

Me preocupan mis amigos marihuaneros, y no se los he dicho, pero acá lo manifiesto. Veo cómo sus vidas giran en torno a la hierba, cómo a largo plazo ha sido afectada su capacidad de actuar porque están en otro plano. Y lo preocupante no es eso, es quizás lo que todos hacemos, según DFW todos adoramos. El problema es a qué o a quién, ¿con qué hemos reemplazado a dios? No puedo decirles que yo haya hallado mejores respuestas, pero siento que no ser consciente de que uno esté adorando algo lo hace más todopoderoso.

34

Usted, mi dios por un tiempo, tuvo razón con que no deberían dejar a gente muy joven leer a Andrés Caicedo. Yo también lo leí, y lo tomé como canto de guerra:

35

Haz de la irreflexión y de la contradicción tu norma de conducta. Elimina las treguas, recoge tu hogar en el daño, el exceso y la tembladera. Todo es tuyo. A todo tienes derecho, y cóbralo caro.

36

La protagonista del Cuaderno Dorado de Doris Lessing
tenía miedo porque sentía que todo lo que escribía se
volvía realidad. Yo tengo miedo de dejar obra, de hecho,
no he dejado obra, no sé si todo lo que escribo se vuelve
realidad, pero las cosas que más tenazmente he deseado
se han vuelto realidad justo cuando ya no las quiero. No
quiero tenerlo todo. No quiero cobrarlo caro ya.

37

Tú, no te preocupes. Muérete antes que tus padres para librarlos
de la espantosa visión de tu vejez. Y encuéntrame allí donde
todo es gris y no se sufre. Somos muchas.
Incomunica el dato.

38

Quise llegar al gris pasando por el blanco, navidad y
somos muchas. Lo he incomunicado, mi secreto, no fue
el que adivinó, pero fue lo que apareció.

39

Había una tercera connotación de *pharmakon*, además de veneno o cura, y era de chivo expiatorio. Al final se le puede dar todos los pecados del mundo a lo que uno sacrifica, y purificarse así con esa sangre. Era tal vez la lógica de la bilis negra, de desangrar a los pacientes melancólicos.

40

Le escribí a alguien que me había sacado la bilis negra el otro día. Quería decir que había donado sangre. A veces no me parece cierto lo que digo si no suena a poesía. ¿O será a acertijo?

41

¿La melancolía es algo que se perdió o algo que no se encuentra? ¿O algo que no se encuentra, y uno no sabe muy bien qué es?

42

Tengo todos los vinilos de Lana del Rey, que han ido
llegando de a poco en cajas y cajas de mis cosas. No soy
el loco con el palo vagabundo después de todo, aunque
las cajas no vayan conmigo. Al empacar me sentí como
mi otra abuela que trajo muebles, baúles y neurosis de y
para Londres. Creo que hay gente que se va, y gente que
se queda, pero mi abuela y yo somos de las personas que
regresan.

43

Llegó una lámpara que me dio mi tía dañada, los vinilos
los recordé al desempacarlos. A veces me siento culpable
de lo poco que cuido a los objetos, y a veces lo que me
genera culpa es el tenerlos, coleccionarlos, asignarles un
valor emocional o de otro tipo. Así me he movido, como
péndulo, entre catexis y abandono.

44

Cuento sus pequeños detalles, objetos que he escondido:
unos obituarios, una pintura que tenía por ahí, su
hermano-amigo, los discos que todavía le debo y que
están contaminados de la última vez que lo vi. De cuando
me dijo que yo no era especial, ni preciosa, ni debía
hacer las cosas porque la gente se lo mereciera o no, sino
porque me nacían. Tiene algo de razón, pero ese tener
razón ya no me parece algo precioso.

45

Que alguien diga algo acertado sobre una no es prueba
de que haya solucionado los acertijos que una puso,
puede ser simplemente que una escogió al personaje a
su semejanza, y que cuando hablan, no estén hablando
más que de ellos mismos, creando la ilusión de que una
ha sido vista, cuándo solo está siendo reflejada.

46

"Yo no sé por qué soy tan adictivo para tanta gente en
mi vida," iba diciendo mientras tomaba ron en pleno
septimazo a mediodía. "¿Y por qué?" Le pregunté, a lo
que me respondió que le explicara yo.

47

Le admito que si ha sido una droga y un sueño, como
dice Rihanna:
  ghost in the mirror
  I knew your face once, but now it's unclear
  And I can't feel my body now
  I separate from here and now

  A drug and a dream
  A lost connection, oh, come back to me
  So I can feel alive again
  As soul and body try to mend

Rihanna, never ending

48

El espectro en el espejo es tanto yo como usted, cómo
me veo reflejada en usted, y cómo parezco un espectro
en mi reflejo. Y es cierto que tanto cuerpo como alma
deben sanar, recoserse. Somos dos espejos enfrentados,
pero ya no estoy dispuesta a buscar dónde se acaba esa
reproducción.

49

Lo que nos une es lo que une a un narciso y a una depresiva: el dolor como lo único real en el mundo. Y es el dolor propio, mi dolor, que cobra una realidad que nada más tiene, ni siquiera lo que se puede tocar.

50

Una amiga, muchos años antes de que yo lo conociera a usted, hizo un video animado para el que le modelé en mi tina. En el video estoy fumando un cigarrillo y tengo el pelo corto por primera vez desde pequeña. Entonces me abro el pecho y sale un líquido que llena la tina, en el que me baño un rato, jugando con el líquido. Luego, tomo una aguja e hilo y me vuelvo a coser el pecho. El líquido se drena.

51

sunder es una palabra que siempre me sonó, y que usé equívocamente, como ensuciar la consciencia de forma irreversible. Pero resulta que realmente quiere decir es romper por violencia o por tiempo y espacio que intervienen.
"Several disputed sculptures....are sundered, with parts residing in different museums." (free dictionary)
"Varias esculturas disputadas...están rotas, con partes residiendo en diferentes museos."

52

El monumento no tiene sentido, también se lo lleva el agua, lo que importa es la procesión, los tambores, el baile, llorar a Joselito que se celebró, al son del obituario. La memoria no es el cementerio, sino la comparsa hasta él. Cuándo lo escuchaba hablar por el Zoom, con su apartamento en La Soledad de fondo, no podía sino sentir luminosidad. El sol cuando se mira directamente es de un blanco imposible, pero el reflejo que deja dentro del párpado resplandece oscuro, una marca que por unos instantes pareciera no volver a desvanecerse.

53

La abeja se acerca y se aleja y la flor debe permanecer en su lugar. Pero lentamente van cayendo los pétalos, uno a uno, hasta que no queda ni un rastro de la amarilla.

54

Manejando por el desierto vi un letrero que decía "surrender to God", lo leí no como entrégate, sino como ríndete ante Dios. Arena roja y cumbres rocosas rodeaban la carretera. Extraño, pensé. Siempre había creído que rendirse era parar de creer. Que la roca lo aplane a uno finalmente, al parar de empujarla cuesta arriba. De todos modos, ya estaba muerto Sísifo, entonces ¿por qué lo hacía? Y siempre el hombre, y siempre los griegos, y siempre la cara de la muerte.

55

El único problema filosófico ya lo resolví, todo fue
blanco por un instante y luego volvió el color. Tal vez
tengo que aprender a no llevar todo hasta sus últimas
consecuencias. Pero después del blanco, percibí los
colores más vívidamente, y he querido regresar. La
última vez tenía una serpiente abrazándome el cuello.
No apretó, pero no fue necesario. Era una amenaza.

56

Las Daneides, reemplacemos a Sísifo por ellas, al menos
eran mujeres, y se acompañaban. Aunque griegas.
Aunque eternamente castigadas.

57

Quien me cuenta sobre las Daneides es otro filósofo que se hace llamar *el trascendente*, y al contarle sobre usted, lo llama *el inmanente*. El trascendente busca permanencia, busca encontrar lo divino. Por eso va a iglesias a ver si el oro centellea lo suficiente. Para él lo único hermoso es Europeo. Usted en cambio va a Palenque a encontrar lo bello. Es tan hermoso como usted se mueve en el mundo, como si bailara entre el mercado de plantas a las cinco de la mañana, a punto de esfumarse.

58

No tengo problema con los griegos, sino con las falsas genealogías. Con los ensayos que empiezan con "Desde los griegos…." Habría que devolverles Grecia a los griegos, empezando por sus esculturas. Habría que dejar de un lado el inglés, también. Pero el mundo, como nosotras, está hecho de fisuras. *Así es que entra la luz.*

59

En los poemas sufis el amante es el poeta y dios es el amado. Adoro pensar en el cambio de perspectiva necesario para saberse abeja, y que cada vez que una se acerca a la rosa, dios, ella tiembla. Me regocijo ante este cambio de amante porque no se puede hacer más que rendirse ante el amor. *Dios es amor, la biblia lo dice, en el capítulo 4, versículo 8, primera de Juan*, me acuerdo de mis clases de catequesis. No hay opción sino rendirse ante dios. Pero también vuelvo a dios como amante porque si lo remplazo a usted, sin enaltecerlo, sino haciendo un cambio sútil del objeto de mi búsqueda, siento un alivio y una libertad que me permiten saber que hay dónde caminar, aunque no pueda ver más allá de este faro.

60

Mi psicoanalista estaba escribiendo un libro y me sentí indignada por un tiempo, imaginando que escribía sobre mí. Me negaba a ser lo que H.D. fue para Freud. Me aseguró que no escribía sobre mí, ¿le creo? Le dije que desde ese libro en el que estaba mi historia, la que conté durante tres entrevistas a una estudiante de trabajo social, no quería protagonizar un libro que fuera escrito por alguien más. Acá les resalto mi protagonismo, aunque he estado ofuscándolo. Soy la abeja, y la flor.

61

La palabra que realmente buscaba era *sully*, ensuciar irreversiblemente. Como una sábana blanca manchada de sangre, que se deja secar. Como unos pies descalzos por las calles de Nueva York.

62

Como monumentos fragmentados nos movemos por el mundo. Usted me dijo, "te veo y sé qué estás perdida. lo sé porque yo también estoy perdido." Y me dice que le hable de alguien que no esté perdido pero no le puedo dar un ejemplo, entonces le digo que no me interesa la gente que ya se encontró.

63

Aparece la puerta abierta que durante tantas noches he temido. Creí que era el único problema filosófico según Camus, que tal vez nunca había resuelto del todo, sino que había abierto una puerta que ya nunca se podría volver a cerrar. Ahora creo que tal vez cruzar la puerta es rechazar la pregunta, y rechazar la respuesta, y vivir esta Muerte que vivimos, este granito de sal en el mar de un olvido tan inmenso que no nos podemos imaginar. Finalmente es escaparme del cuarto en el que me he enclaustrado.

64

Una mente enclaustrada no tiene otra opción que dar vueltas.

65

Surely some revelation is at hand;
Surely the Second Coming is at hand.
The Second Coming! Hardly are those words out
When a vast image out of *Spiritus Mundi*
Troubles my sight: somewhere in sands of the desert
A shape with lion body and the head of a man,
A gaze blank and pitiless as the sun,
Is moving its slow thighs, while all about it
Reel shadows of the indignant desert birds.
The darkness drops again; but now I know
That twenty centuries of stony sleep
Were vexed to nightmare by a rocking cradle,
And what rough beast, its hour come round at last,
Slouches towards Bethlehem to be born?

Seguramente alguna revelación está por llegar;
Seguramente la Segunda Venida está por llegar.
¡La Segunda Venida! Difícilmente salen esas palabras
Cuando una imagen vasta de *Spiritus Mundi*
Preocupa mi visión: en alguna parte entre las arenas
                                       del desierto
Una figura con cuerpo de león y cabeza de hombre,
Su mirada vacía e implacable como el sol,
Mueve los muslos lentos, mientras a su alrededor,
Vacilan sombras de las indignantes aves de desierto.
La oscuridad cae nuevamente; pero ahora sé
Que veinte siglos de sueño pétreo
Fueron agitados a una pesadilla por la cuna que se mecía,

¿Y qué bestia hostil, cuya hora finalmente ha vuelto,
Se arrastra hacia Belén para nacer?

W. B. Yeats *The Second Coming*

66

Qué poema para nuestros tiempos. Cuántas veces no
lo leí, releí, traduje y copié en mis diarios. Porque mis
diarios son mis más confiables fuentes de las palabras de
otros. Entre más me cortasen las palabras, más espacio
y repeticiones en mis archivos, la biblioteca de mi
Comprensión.

67

Algunos libros que he querido leer hace tiempo tienen
de título líneas del poema: *Slouching towards Bethlehem* de
Joan Didion y *The Center Cannot Hold* de Elyn Saks. Esto
de que el centro no pueda mantenerse me obsesionaba, y
cómo Elyn Saks lo usa como símbolo de la locura. En esa
época me había leído *The Bell Jar* de Sylvia Plath y *Girl,
Interrupted* de Susanna Kaysen. Estaba investigando poco
a poco lo que me pasaba. Estaba explorando el archivo
de mujeres enloquecidas que escribían al respecto,
memorias de tiempos de franca devoción.

68

Era algo que no sentía que estuviera pasándome a mí,
o que no me sucedía realmente. Como si yo estuviera
fingiendo, poniéndome una máscara, imitando a otras.
Una aprende a respirar así restringida, hasta que es
tiempo de quitarse el yeso compactado y seco. Y ve uno
cómo la cara ha tomado esa forma de marfil, seca, quieta.
Y cómo fácilmente se fisura.

69

El apocalipsis anunciándose era algo que veía todo
el tiempo, a punto de venir nuevamente. Tal vez por
eso me sentí tan cómoda durante el encierro de la
pandemia. Hay momentos que confirman nuestras
peores paranoias, y ante eso: solo sublimar.

70

Un app que tengo que se llama BetterMe (título que
me hubiera causado repulsión antes) tiene una parte de
psicología para ayudarlo a uno a contar calorías y medir
ejercicio diario. Entre las creencias negativas incluye:
    - el mundo no sobrevivirá y yo tampoco

71

Curioso, pensé, que sea considerado algo negativo. O una creencia.

72

¿Será mejor creer que perduraremos? ¿Qué este mundo nos sobrevivirá? El olvido puede ser un dulce alivio también. Tomar del río y que ya no exista un yo hice, yo fui, ni el recuerdo, ni el sueño. Aunque tal vez el orden en el que nos encontramos se sienta más milagroso al saber cómo se dirige el universo hacía la entropía, que de hecho así se puede medir el tiempo, como un progreso hacia el caos.

73

Mi último año de colegio fui a ver *Melancholia* de Lars von Trier con unas amigas. Salimos todas un poco pasmadas, y una de mis amigas indignada. Ver a Kirsten Dunst -Justine en la película- predecir el fin del mundo y verse sumida en un letargo que solo acaba justo antes de que las cosas se consumieran en el fuego no era algo que estuvieramos acostumbradas a ver.

74

Hay líneas que nunca he olvidado, cómo *Sometimes I hate you so much, Justine* y,
  - *I smile and I smile, and I smile.*
  - *You're lying, to all of us.*
El otro día las dije bajo mi aliento y alguien me preguntó que qué murmuraba.
Nada, un mantra, nada.

75

Sí le hace algo a uno, ver a Kirsten Dunst como la pintura de Ofelia en el río, con flores en las manos y la boca abierta, sorprendida. Si produjo algo en mí. He vuelto a ver la película unas cinco veces, y ví toda la trilogía de la depresión de Lars von Trier. ¿Ayudó o empeoró? No se puede borrar, una vez visto.

76

Últimamente digo eso mucho: algo produjo en
mí. Produje algo en alguien. Pero no es realmente
producción, es más bien una evocación. *Melancholia* fue
una evocación del futuro, y del presente, del pasado
también. De palabras hundidas. De un planeta entero
que se ha estado ocultando detrás del campo de visión.

77

Quisiéramos llegar hasta detrás de la belleza, dice Simone
Weil, *pero no es más que superficie. Es como un espejo que
refleja nuestro propio deseo de bien. Es una esfinge, un enigma,
un misterio dolorosamente irritante. Quisiéramos alimentarnos
de ella, pero solo es objeto de la mirada, no aparece sino a cierta
distancia. El gran dolor de la vida humana, es que comer y
observar son dos operaciones diferentes. Del otro lado del cielo
solamente, en el país habitado por Dios, es una sola y misma
operación.*

78

Me imagino querubines comiéndose a sí mismos.

79

El espejo no es solo nuestro deseo de bien. La belleza nos refleja todo: el deseo de mal también, y siempre la muerte. El miedo a la muerte y cómo la exaltamos, o la ignoramos con exaltaciones. El deseo de tener a la belleza, es finalmente, un deseo de matarla. Todo lo que se come debe morir.

80

Quizás eso solo diga algo de mí, de cuánto he trenzado la belleza con la melancolía. De cómo la belleza evoca en mí su pérdida más que su contemplación. ¿Qué dirá sobre mí que la pérdida se realce más que el momento de rendición ante ella? Mínimo, se nubla la vista con la anticipación de la caída.

81

Si Narciso toca el agua se desvanece su retrato y crecen flores en su pecho, con su nombre. Perdurar es inevitablemente cambiar de forma.

82

Jung habla de una vieja historia en que un niño va a
un rabino y le pregunta por qué ya nadie ve la cara de
Dios, como en los viejos tiempos. El rabino le responde
que hoy en día nadie puede rebajarse tanto.

83

No one can stoop so low, dice en inglés, que quiere decir
tanto agacharse como rebajarse, humillarse. Yo tomo las
humillaciones que me ha brindado como prueba de
mi amor, pero tal vez solo sean de sumisión, o de un
sentido torcido del sufrimiento que merezco. Y es que
ante el hubris algo, o alguien, tiene que humillarse.
Cada año, supongo yo, hay menos creyentes subiendo
Monserrate de rodillas. Pero, ¿para qué creer en un dios
que quiere que suframos?

84

Hay que agacharse para tomar agua del arroyo. (Jung)

85

Los espejos, como dice Pessoa, hicieron que ya no tuviéramos que agacharnos para vernos reflejados.

86

Agacharse para tomar agua del río quiere decir que uno ve su reflejo un instante, y al siguiente lo borra para llegar a lo que está detrás: el agua. Lo único real, o más bien, lo único que sí se puede tomar. Porque el reflejo se ve, en su belleza, o en su fealdad, pero no se puede tocar, el acto de tocarlo precipita su destrucción. Y si me precipito a mi reflejo, me ahogo.

87

En una pizarra, Alejandra Pizarnik dejó escrito su último
poema:

                    criatura en plegaria
                    rabia contra la niebla
escrito
en
el
crepúsculo
                                                    contra
                                                        la
                                                    opacidad
                        no quiero ir
                         nada más
                        que hasta el fondo
oh vida
oh lenguaje
oh Isidoro

                            Septiembre de 1972

88

Debo ir a lo más profundo a buscar a esa persona con el mismo hilo rojo atado a su muñeca. Hay viajes con un solo regreso posible, regreso que una sacrifica al pisar sobre la nada. Sí, hay que negarse a la opacidad, tal vez no siempre, pero de vez en cuando. El fondo de un cuerpo de agua es completamente opaco. Ir contra la opacidad del mundo es ir en contra del enigma que es ser una criatura en plegaria. A veces las muertes son alegóricas, y tras la herida cortante debo ver cómo sería morir así. Verlo a los ojos mientras esta vez si aprieta mi cuello.

89

Usted me dijo una vez "tienes que buscar otra forma de corroborar que le importas a las personas además de hacerlas sufrir." Qué placer saber que yo lo hacía sufrir, y qué tristeza que me viera así, como alguien que siempre estaba buscando su sufrimiento, negándole placer. Realmente buscaba disminuir mi dolor, pero eso no estaba en la pizarra, al tomar una pieza se acepta el riesgo de no hacer sino perder.

90

Quiero una espiritualidad que se conecte con el placer
en vez de con el sufrimiento, pero me parece inevitable
que hay algo que siempre se tiene que sacrificar. Hay que
borrar la imagen de uno que refleja el agua para poder
tomarla. Tiene que hacerse una fisura en el yo para que
pase la luz del ser.

91

Puede ser placentero agacharse, rebajarse, desconocerse,
borrar el reflejo. Desorientador, sí. Algo que puede
llenar de miedo, pero no tiene que ser un sufrimiento.

92

Cada vez más me convenzo de que el sufrimiento no
es siempre algo que venga desde afuera, sino también
algo que uno elige. O, dicho concretamente, algo que he
elegido. Se puede hacer un hogar de lo que sea, cuando
se siente lo suficientemente conocido.

93

La criatura del cuerpo de león y cara de hombre en el
poema de Yeats no la leí sino hasta mucho más tarde
como, aparte del anticristo, una posible esfinge, con su
cuerpo de león y cara no de mujer, sino de hombre. Está
también en la mitad del desierto. ¿Habrá que matar a la
esfinge para evitar el apocalipsis?

94

O evitar el apocalipsis no es más que caminar el desierto
sin usar las alas.

95

Vi esfinges en Potsdam al visitar a una amiga en Berlín,
en el palacio de *Sans Souci*. Tenían el cuerpo de león y
la cara de mujer, y no se les veía la cola porque estaban
cubiertas de una tela que solo dejaba asomar las garras.
Dos bebés, tal vez querubines, estaban jugando sobre la
esfinge, que estaba tornada hacia ellos. Nadie vigilaba la
puerta.

96

Clarice Lispector: "misterio de esfinge: descíframe o te devoro." Entonces hay que sacrificar la vida propia para pasar el umbral. O descifrarme es un proceso digestivo. O descifrarse a uno mismo es, realmente, dejar los cuerpos.

97

Simone Weil escribió que es mejor decir "estoy sufriendo" que "este paisaje es feo." Tal vez sea mejor decir "estoy sufriendo" que "el mundo se está acabando." Me sigue pareciendo un hecho, de todos modos, que el mundo se está acabando y nosotros también y que se olvidará de nosotros y que todo esto es inevitable. A veces creo que poder creerlo requiere de la misma humildad para afrontar la vida sin grandes tragedias, sin tener que derivar sufrimiento de la experiencia.

98

El hecho es no confundirse, no creer que porque algo le pasa a uno le está pasando objetivamente al mundo alrededor también, o en vez, de a uno. Sentir desolación, escasez, no quiere decir que el mundo sea un desierto. Hay desiertos en el mundo, hay sufrimiento, pero no es todo lo que hay. Aferrarse a la desilusión es mirar al mundo desde un huequito hecho con aguja sobre un papel negro, lamentando la poca luz que se ve.

99

Las anteojeras que se les ponen a los caballos son para que no se distraigan, o se acuerden que están siendo sometidos. Para que puedan halar la carroza, hay que mantener los dos caballos igualmente tensionados, si se tensiona un lado por encima del otro indefinidamente, se empieza a dar vueltas. Hasta que decidamos dejar de excavar.

100

El carro en el tarot tiene al llamado auriga, quién dirige
la carroza, de pie en una caja llena de símbolos mágicos,
sin riendas, sino un cetro en su mano derecha, como el
mago. Tiene en su cabeza una corona de laureles con
una estrella. Un laurel como Dafne. Frente a la carroza
están dos esfinges egipcias, una blanca y una negra,
las dos con neme (tocado de faraones egipcios) blanco
y negro. Están posadas en direcciones opuestas y no
parecen estar en movimiento, sino descansando. La cola
la tienen enroscada bajo el vientre. Detrás del auriga: un
foso, una muralla, un castillo, un cielo amarillo. Después
vendrá la fuerza de sacarle al león algo de la boca, para
que no se lo trague.

101

El auriga también era quien le susurraba al oído del
general tras una victoria: "Recuerda que eres solamente
un hombre, algún día morirás"

102

No hay forma de avanzar con una sola esfinge, la blanca o la negra. La tensión entre nuestras contradicciones es lo que hace que el mundo se mueva, o lo que es lo mismo, que nosotras nos movamos en el mundo.

103

Interesante que en vez de caballos sean las esfinges las que halan de la carroza, son los espacios liminales, dónde se encuentran las criaturas con cuerpo de león, las que impulsan la acción. Las restricciones nos permiten seguir un curso, o nos presentan con el placer de romperlas.

104

La libertad a veces no parece algo para mí que he escogido, sino algo que he tenido que seguir, una estrella invisible que guía mi camino, como a Clarice Lispector. *¿Libertad?, es mi último refugio, me he obligado a la libertad y la soporto no como un don sino con heroísmo: soy heroicamente libre. Y quiero la fluencia.*

105

En el libro de los cumpleaños decía que mis fortalezas eran ser observadora, cariñosa e indomable. Usted no podía entender cómo podía ser ambas cariñosa e indomable, y mujer.

106

Creo que tal vez por eso usted siguió buscándome también, porque nunca me pudo domar, nunca me entregué del todo. Ese fue mi lamento, no poder darme como usted quería.

107

Los acertijos contienen tantas posibles interpretaciones. Pero finalmente, no se puede tragar lo que toca ver, no hay forma de digerir un cambio de perspectiva. Algo tan simple que puede cambiar el mundo entero, el mundo que uno ve.

108

Se pueden resolver todos los acertijos excepto el acertijo de por qué existen acertijos. (Pessoa)

109

Escribir, como muestra Pessoa, es habitar otros personajes, o habitar a todos los personajes que hay dentro de una misma. Me da sosiego poder vivir sus vidas en el papel, cuando sólo en mi cabeza me llenan de ansiedad y empiezo a sentirme como Sylvia Plath ante el árbol de higos. Cada rama una posible dirección mientras me siento en el cruce a ver los higos pudrirse y caer al suelo.

110

Tomar una decisión irrevocable es algo que conlleva crecer, o eso es lo que el puritano de DFW pensaba. El decía "Experimentar su compromiso como una pérdida de opciones, como un tipo de muerte, la muerte de las posibilidades infinitas de la infancia, de lo agradable que resulta elegir sin presiones... les va a suceder, créanme. El fin de la infancia" Siento ambivalencia al citar el manuscrito que dejó al suicidarse. ¿Habrá crecido demasiado?

111

Dorian Gray estaba obsesionado no sólo con su belleza, sino con su juventud, que van ligados para él y para nosotros aún. El sueño era nunca crecer, o hacerlo de tal forma que se pudiera esconder en un cuadro horrible, de villano. Un reflejo encerrado en el cuarto más atiborrado de objetos feos que se pueda uno imaginar.

112

La edad no trae nada más que ella misma. Y canas tal vez, por eso me hago la henna. Pero todavía no he hecho nada sobre las grietas en mi piel.

113

Puer y Puella viven vidas provisionales, son eternos niños que no se quieren comprometer. Temen meterse en una situación de la que no puedan salir y esperan a que el destino los alcance, porque creen que están hechos para cosas brillantes, mientras tanto hacen tiempo jugando lo que se inventan, con juegos cada vez más complicados para evitar el aburrimiento, o la reflexión.

114

El *memento mori* del auriga era para no volar al cielo dorado, para que al quitar las anteojeras sigamos el camino del hombre y no de los dioses, o de las figuras de lodo.

115

Comunicarse en acertijos ha impedido que lance al aire la cobija que tiene el peso de todo este mundo y me descubra. Ha impedido el placer de reconocerme y de expresarme sin ocultar, de ser como el agua que me he agachado a recoger: transparente y fluida.

116

James Baldwin dijo que "se debe aprender a sufrir para crecer, para darse cuenta de quién es uno," que "solo los artistas pueden contar cómo es, para alguien que vive en este mundo, sobrevivirlo. Lo que es sentirse alegre, o morir. Pero el problema es que el artista y la audiencia tiene que pagar un precio muy alto, de sacrificarlo todo, todo lo que uno pensó que fue, lo que uno cree que quiere ser, dónde cree que quiere ir, todo, y esto para siempre, para siempre."

117

Lo que estoy esperando con estos fragmentos es
precisamente eso: sacrificarlo a usted, y sacrificarme
a mí, a quién he sido para haber caído en este juego
dónde nadie gana. Porque no es un juego, sino una
guerra. Y como en todas las guerras, el único triunfo
es el escándalo de los cuerpos sin vida del otro lado.
O como dice Elaine Scarry, la guerra insiste en tomar
como contenido interno el contenido interno del cuerpo
humano abierto.

118

Lo que recuerda el cuerpo se recuerda bien. (Scarry)

119

Pero me gusta imaginarme un cuerpo que no
simplemente mantiene el puntaje, sino que también, o
más bien, nos guía con la intuición, sin nosotros saberlo.
A veces hay que aprender que lo familiar es de lo que
se tiene que correr. Y se entiende cuando una se sienta
en el carro viendo una cara muy familiar, sintiendo que
se quiere abrir la puerta y salir corriendo. Es el cuerpo
como libro abierto.

120

Baldwin también decía que "tal vez la raíz de nuestro problema humano es que sacrificaríamos toda la belleza de nuestra vida y nos aprisionaríamos en tótems, tabúes, cruces, sacrificios de sangres...etc...para negar el hecho de la muerte, el único hecho que tenemos." Y le parece, más bien, que uno debería "regocijarse en el hecho de la muerte – y debería decidir, en vez, de *ganarse* la muerte al afrontarse con pasión el acertijo de la vida."

121

La vida siendo acertijo la posa cómo algo que una busca resolver, y entre más intento resolver más creo que no tiene resolución posible. Pero afrontarse con pasión a éste acertijo, aunque quiera decir que estaremos para siempre frente a la puerta abierta con la esfinge mirándonos hasta que sea nuestro turno de cruzar, de pasar al otro lado, me parece la única forma sensata de hacerlo. Hay quienes se tornan de la puerta, de la pregunta, y viven en oscuridad completa. En tal caso, el rol del artista es obligarlos a ver a la esfinge a los ojos, a los mandalas que se despliegan de sus pupilas.

122

A mi analista le parece que me visto de forma
provocadora con todas las calaveras que uso: mis
mementos mori. Pero son *mementos* que no me hacen dejar
a un lado la soberbia, uno de mis pecados capitales, sino
que me recuerdan que entre más cerca he estado de
la muerte, cuando la he sentido acostada al lado mío,
también ha sido cuando más también he podido ver lo
divino de la vida.

123

A veces trato de verme a mí misma, intentando
vislumbrar qué es lo que ven los demás, qué ejercicio
tan imposible y agotador. Soy eterna y también, de esta
época.

124

El llano está en llamas y uno le prendió fuego.
Escombros de la renovación. La sangre de la bandera
que el querubín lleva. Estepicursores caen del cielo
prendidos en llamas.

125

Debo admitir que ya he sacrificado varias vidas, aunque no sé si es por saber sufrir, o por nunca crecer.

126

O porque soy como el personaje destructivo de Walter Benjamin: "El personaje destructivo ve que nada es permanente. Dónde otros se encuentran con muros, o montañas, allí también, él ve un camino. Pero porque ve un camino en todos lados, tiene que quitar cosas del camino en todos lados. No siempre por fuerza bruta, a veces por las más refinadas formas. Porque ve caminos en todos lados, siempre está parado en un cruce. Ningún momento sabe qué traerá el siguiente. Lo que existe lo reduce a escombros – no por los escombros mismos, sino por el camino que pasa a través de ellos." También dice que, "El personaje destructivo no tiene ningún interés en ser entendido. Le parecen superficiales los intentos en esta dirección. Ser incomprendido no lo puede herir. Por lo contrario, lo provoca, igual que los oráculos, esas instituciones destructivas del Estado, lo provocaron."

127

Me afectó este ensayo en la universidad, y desde entonces lo he leído y releído, rayado y subrayado, citado y recitado. Desde entonces, como hoy, no estoy totalmente segura si me identifico yo o si es un arquetipo de muchas personas que he conocido. Hay una parte sobre cómo el personaje destructivo es incapaz de creación, y ahí me escabullo. Aunque mi relación frente a la creación es tenue, y no es algo con lo que frecuentemente me identifique, mucho menos en público. Tal vez me siento protectora frente a mis creaciones, siento que el ojo ajeno las perjudica. Pero puede ser que me dé miedo que al decir: creé este vaso, el inevitable acto seguido sea que lo deje caer de una gran altura.

128

Cargo conmigo todas las que he sido, a veces se asoman en una esquina silbandome para que las siga, para que vea quien no fui y pude haber sido. Nunca he dejado nada ir, ni lo que sacrifico, todo lo sigo cargando sobre mi espalda (por eso se torció). A veces me llega un gran duelo, el duelo de todas mis vidas pasadas, de la gente que fui, de los que conocí. Voy por la calle y veo a una persona que conocí, tal vez que incluso consideré cercana. *He perdido amigos, algunos por muerte, otros por la simple inhabilidad de cruzar la calle* (Woolf). Aunque no cruce la calle, son los amigos muertos en el campo de batalla. Y me doy cuenta que la guerra no la precipitó usted, sino que, de alguna forma, siempre he estado en guerra. Me he comportado hasta ahora como en un gran campo de batalla, con muertas mías por doquier, el escándalo de vísceras rodeándome. Mis entrañas quedan desplegadas cada vez, aunque haga todo por meterlas rápido y coser el largo de mi torso de nuevo.

129

Todo se puede patologizar, es lo que más he aprendido
en psicoanálisis. Podemos hablar de pulsión de muerte,
falta de sentido de realidad. Remontarnos a un pasado
ilusorio porque el pasado es tan producto de la
imaginación como el futuro, pero pretendemos regresar
a él, como si no fuera infranqueable. Decir: Ella nació y
creció así, con esta relación frente a sí misma y los demás,
con esta familia, etc, etc, etc. a los 5 años algo irrevocable
pasó....

130

Todo lo que ya sucedió es irrevocable, y también,
simplemente, una ilusión.

131

Y lo que me ha enseñado la literatura es que todo se
puede mitologizar, y entre lo mitológico y lo patológico,
no es difícil ver cuál prefiero. ¿Cuál cura es mejor, la
hablada o la escrita?

132

Depende del temperamento. Yo siempre he sido tímida.
A veces he pasado por antipática o soberbia, cuando
por dentro estoy en una profunda ambivalencia frente
a quién quiero representar frente a esta gente que
no conozco. Tal vez no soy precisamente tímida, sino
súmida en la complicada farsa de actuar como yo.

133

Voy dejando atrás mis ciencias sociales, como antes
dejé atrás las matemáticas, no por decisión propia sino
porque ya no me conmueven. No me dice mayor cosa
una estadística. No creo que muevan a la mayoría, la
verdad, y eso pienso que es la crisis en la que estamos.
Ya la ciencia no tiene la connotación de verdad
autoproclamada.¿Y en su lugar? A muchos les angustia
que no haya qué la reemplace. Pero ya ella, en su
momento, remplazó a dios.

134

Y ahora, digna a mis contradicciones, estoy trabajando
con Python e inteligencia artificial, aunque mi rol es
crearle el prompt que le sirva al programa. Estoy,
efectivamente, haciéndome obsoleta, y ayudando a la
máquina que me reemplazará. No sé cuál ha sido mi
obsesión siempre con la obsolescencia, con modos de
vida que ya no existen, como los ermitaños contratados
para ser excéntricos. Cómo ser poetisa. Alguien que
conocí corrigió a su amigo que me llamó poetisa, porque
poeta ya termina en "a" entonces se supone que incluya
a las mujeres poetas. Yo dije que me gustaba el término
poetisa porque suena a pitonisa.

135

Y trabajando con lo preciso, me llega el pensamiento de
que el arte es el único conocimiento que no se vuelve
obsoleto. No es un pensamiento, sino más bien una
certeza. Aunque considero que tal vez eso hace que
el arte no sea para nada un conocimiento, sino algo
completamente diferente. El arte es el instinto de lo no
obsoleto. La intuición de lo eterno.

136

Entonces qué raro ir a una escuela de arte, de tratar de acorralar lo incierto. Usted me miraba vacantemente mientras le hablaba de ésto la última vez que lo vi. La última vez deliberada de la vida. Le prometo que cruzaré la calle deliberadamente si me lo encuentro. Ya no logro suspender tanto la realidad.

137

El arte como lo que nos permite acercarnos a nosotros mismos, y a los demás. La libertad del arraigo. De soltar la voz y decir: así he visto el mundo, pese a mí misma.

138

Para saber quién es uno, hay que sacrificar todo lo que uno creyó que era. Es el precio de hacer arte, de abrir la puerta al infinito. Se pueden dar vueltas ahí también, en forma de ocho acostado. Halando a un caballo, luego a otro. O abriendo la puerta de una esfinge, y devolviéndose para abrir otra.

139

El interés principal de la vida y del trabajo es que nos permiten devenir alguien diferente a quién éramos al principio. Si usted, cuando empieza a escribir un libro, supiera lo que va a decir al final, ¿cree que tendría el coraje para escribirlo? El juego no vale la candela sino en la medida en que uno ignore cómo finalizará. (Foucault)

140

Claro que todos sabemos cuál es el final, que no es lo mismo que saber cómo acabará.

141

Yo siempre supe cómo íbamos a acabar, tal vez por eso ya sentí que el fuego no valía más la candela. O me chamusque lo suficiente.

142

Mi papá dice todo el tiempo que qué es esa estupidez de la identidad como algo firme.

143

Usted lo decía también, *eso no importa, eso no tiene nada que ver, al fin y al cabo, ¿cuál es la verdad?*

144

Estoy intentando rechazar la idea de una identidad fija y al mismo tiempo no dejar ir de un centro que se sostenga. Hay algo en el centro, pero no soy yo.

145

Quizás solo valga la pena saber quién es uno, para poder convertirse en algo diferente, para ver la alquimia que realizó la sangre con la que escribimos. Sino, cómo se diferencia entre dos seres indefinidos. Pero quizás también, escribir, como vivir, es un proceso tanto de discernimiento como de transformación. De digerir y cagar.

146

Me perdonarán, soy de familia costeña, de esas que no
confunde las témporas con el culo.

147

El hecho es que si una se traiciona lo suficiente, puede
quedar ciega. Si se convence de que llegará al espejismo
a pesar de todos los espejismos que ya pasaron y no
llegaron, ahí es que se puede perder una entre los tantos
cielos reflejados.

148

La identidad quizás solo sea una forma, un poco
primitiva, de crear un límite entre quien es uno y
quiénes son los demás. Quién hace parte de nuestro
pueblo, y quién está por fuera. Una defensa que creamos
para encontrarnos con el otro sin relacionarnos.

149

Y es que si hay gran peligro, en confundirse con los demás. Hay gran peligro. Hay gran peligro también en ver nada en común con ellos, nada compartido, ningún *somos*. Siempre he sido aristotélica, siempre he buscado la media dorada entre los extremos. La virtud, para ponérmela en el pie derecho y seguir caminando entre los escombros.

150

Usted me dijo que lo pinto como villano, algo parecido a decir que no lo veo claramente. Se plantó entonces una semilla de duda en mí. Una semilla que encontró tierra fértil, no desértica. ¿Qué tal que no vea las cosas como realmente son, que yo misma me he inventado unos personajes, independientes a quiénes son? Y de repente se me movió la carretera, un terremoto de la realidad desmoronándose alrededor de mi carro. Iba manejando en una de esas autopistas de diez carriles en Los Ángeles, hacia una amistad que ya se había desmoronado, en parte porque no aceptaba ya mención de usted.

151

Hace años lo perdí de vista, y ahora solo lo puedo
vislumbrar de soslayo, como un eclipse, me sella los
párpados.

152

Y me preguntaba: ¿Qué tal si todas las certitudes que he
tenido en esta vida no hayan sido más que espejismos? Al
disolverse las convicciones no queda sobre qué caminar,
aunque haya con qué estrellarse.

153

Vale la pena hacer la pregunta de la muerte con la del
olvido, ¿qué inflaman en uno que uno morirá y será,
eventualmente, olvidado? ¿Qué debería inflamar? Puede
ser una falta de sentido si uno piensa que lo que perdura
es lo único que vale la pena, o puede ser un sentido de
que todo es *preciosamente precario*, como decía Borges,
a diferencia que para los inmortales. Puede ser un
profundo alivio, ver lo cotidiano como lo único que existe,
lo precario como una forma de moverse en el mundo.
Porque no todo lo que perdura nos debería enorgullecer,
como el plástico que hemos usado y nos sobrevivirá.

154

Se puede tener humor también, con ella, con la muerte.

Por ejemplo, según el ALEC (Atlas Lingüístico y Etnográfico de Colombia), ¿Cómo se dice que alguien se murió en diferentes regiones del país?

- un plátano menos
- se cansó de comer yuca
- cerró el culo
- firmó el pasaporte
- se fue a chupar gladiolo
- va para tierra de los calvos
- atesó la pata
- botó la gorra
- por allá quedó cargando caña
- quedó con la tripa al sol
- reventó la cabuya
- se quedó mirando el dedo gordo
- ya no se ríe más
- una boca menos
- le cancelaron la fe de bautizo
- no se aguardó las fiestas
- se cansó de sufrir
- se fue para el mundo de los callados
- etc. etc. etc.

155

Fui a un "renaissance rave" a tres horas de Los Ángeles
que organizaron mis amigos, sobre un trailer galería de
arte rodante. Probé unos hongos y vi como la naturaleza,
aunque muerta, se movía. Los cactus y estepicursores, y
la interminable arena danzaba. Pero el cuero gris de mi
carro permanecía inmóvil.

156

Lo que he visto ha sido demasiado para mí, si escribo si
es para cerrar los ojos. No podía salir del carro esa vez a
afrontar el desierto danzante. Cuando me encontraron
mis amigos estaba llorando por lo que le hice con su
hermano-amigo, aunque usted me dijo que nunca le
había importado.

157

Maria Sabina decía que los hongos habían perdido sus
poderes curativos, desde que todos fueron a probarlos, y
a pagar por la curación.

158

Hace poco, en una cita de Bumble, un hombre me dijo
que alineó sus chakras comiendo hongos y no le creí.
O más bien, me pareció algo barata su alineación. Soy
obsesiva con la idea de que solo se puede obtener una
enseñanza espiritual bajo fuego. Es decir, saludándola
con esfuerzo propio, ninguna ayuda, ni siquiera drogas,
y que le tiene que costar algo a uno. Creo que por eso
nunca fui a un monasterio en Tíbet como pensé hacer.
Para mí sería poder meditar en el centro de Bogotá la
gran iluminación: encontrar el zen en pleno septimazo.

159

¿Qué se puede hacer? Decidí, o me di cuenta, que
es o todo o nada lo que importa. Pero, aunque lo he
intentado, es imposible para mí el nada, entonces escogí
el todo, que es lo mismo. Un 11111111 en vez de
00000000.

160

De mi época matemática me acuerdo de que uno puede demostrar algo por contradicción. Es decir, si uno asume que lo opuesto es cierto y demuestra que hay una inconsistencia con un axioma, es decir, una contradicción con una verdad elemental. Algo como que $0 = 1$. Era mi forma favorita de demostrar. Pero puede dar mareo, porque, fuera del mundo abstracto de las matemáticas, ¿bajo qué axiomas operamos? ¿cuáles son las verdades elementales? Y si se encuentran, ¿no se irán a contradecir todas en algún momento, algún punto de imperfección, de inconsistencia humana? ¿qué estamos demostrando en todo momento con nuestras contradicciones, y para quién?

161

El desierto podría ser un espejismo de espejos. Podría estar uno en un espacio más pequeño, rodeado de espejos. Lo único que puede delatar el truco es verse a uno mismo. Ajustarse en la oscuridad después de mirar hacia el sol.

162

Todos estos desiertos y sus esfinges, ¿Qué querrá decir
que vuelva tanto a lugares inhóspitos? ¿Cómo es que
separan las esfinges una inmensidad de otra?

163

No hay consenso sobre la etimología de la palabra
esfinge. Hay quienes lo relacionan con el verbo σφίγγω
(*sphingō*) en griego, que quiere decir "apretar". Algunos
sugieren que eso es por cómo matan los leones,
estrangulando a sus víctimas. Otros interpretan esto
con que las esfinges ponían en un "aprieto" a los que se
atravesaban en su camino. Susan Wise Bauer, en cambio,
dice que la palabra esfinge, o *sphinx*, es la versión griega
corrompida de la palabra en egipcio "shesepankh",
que significa "imagen viva" por ser tallada en "roca
viva", es decir, tallada en la roca del mismo sitio y no en
una traída de otro lado. Otros dicen que era "imagen
viva" porque los antiguos egipcios creían que la esfinge
cobraba vida de noche, para proteger los templos.

164

Todo lo de la proposición anterior en búsquedas rápidas
en Google, consultando Wikipedia, y les cuento porque
hace mucho me dejó de interesar la precisión de
verdad matemática, y más me interesan las historias que
contamos, y por qué las contamos. Es tal vez la forma
en qué he sobrevivido a las preguntas imposibles que
la abstracción matemática me hacía. O tal vez soy de mi
época, de la llamada "pos-verdad".

165

Me intriga lo de "imagen viva," que un objeto hecho a la
imagen de algo cobre vida. También me interesa que se
crea que el origen sea griego cuando es, probablemente,
egipcio. Y que mientras para los egipcios las esfinges
protegían los templos, para los griegos evitaban el acceso
con acertijos, y se devoraban a los que no lograban
entrar. Parece que las esfinges estaban protegiendo, o
defendiendo, dependiendo de la postura, el límite entre
los griegos y los egipcios.

166

En Los Ángeles no hay donde caer, no hay un suelo.
Uno puede caer el resto de su vida, y hay gente que lo
hace, y que llaman a eso su arte. Conocí a tantos ángeles
en caída libre, que al pensar en ellos me da vértigo.

167

Los veo con sus vidas provisionales colgando de un saco,
saltando como El Loco del puente más alto en Pasadena,
que medía media cancha de fútbol, a un *rave* que
alguien organizó, tomando *noz* de globos para volver a
subir antes de que llegue la policía. Esperando a que el
destino los encuentre, que se dé cuenta que son estrellas
en caída libre.

168

Vi un cometa estos pasados dos fines de semana en el
desierto y aunque no puedo decir que tengo todo lo que
quiero, no supe qué desear.

169

Vi una imagen de un estepicursor – esas matas que más parecen ramas secas y siguen al viento en los desiertos – en llamas, y el pie de foto decía "cometa".

170

El aerolito que está en el Museo Nacional, o lo que quedó de lo que se robaron para investigar en otros países, es testigo de la dureza que se logra al ser sellado con fuego.

171

Me encontré a un amigo frente al aerolito, estaba trabajando en el museo. Nos fuimos a mirar el ALEC en la sala a la izquierda del aerolito. El aerolito estaba en el centro del panóptico, observándonos. Después me dio porque quería un ALEC en mi casa de segunda mano, y mi papá me lo consiguió. Pero ya no tengo excusa de ir a que el aerolito me observe en el panóptico de Bogotá.

172

Vi a este amigo después, uno de muchos amigos con
los que fuimos casi-algo y ahora tomamos café una vez
al año. Le conté que mi papá me había dicho que era
más libre de lo que pensaba y menos de lo que quisiera.
Entonces me preguntó mi amigo, incrédulo, si quería ser
aún más libre, e irme a una casa en el campo con cabras.
Le dije que esa era la idea.

173

Me habló de algo que ya había pensado, en mi regreso,
sobre la libertad de echar raíces. Que la libertad no es
solamente irse lejos, sin mirar atrás, la libertad de ir y
venir. Pero que había otra libertad, una de echar raíces.
De sentirse reconocido, parte de algo más grande que
uno. Una libertad que uno se permite, en vez de ser
producto de circunstancias externas.

174

Hay no sólo una libertad, sino también un placer,
en pertenecer. Sentirse reconocida, comprender
cómo se doblan las calles, la lógica de las voces en
parlante ofreciendo aguacates. Regresar es también un
reconocimiento, de una, del lugar, de una en el lugar. De
lo bonito que es oír un verso familiar que uno reconoce,
sin importar qué quiere decir exactamente. Que le digan
a uno "sumercé" o "veci" o hasta "mona".

175

La huida no siempre quiere decir libertad, a veces es que
uno ha tornado la espalda a lo que lo aprisiona. Como si
la bola de hierro no halara solo por que no la vemos.

176

No es tan difícil confundir la libertad con la soledad.
Como si no tener lazos hacia los demás fuera únicamente
algo que le libera a uno el tiempo, y no algo que también
hace otras cosas posibles.

177

Al no haber suelo en los Ángeles seguí flotando en un
río envuelto por cemento, pasando debajo del puente
altísimo, esperando el momento de unirse al gran río, el
último. Lethe del olvido.

178

Tuve un sueño en que iba al río de los siete colores con
mi papá, pero lo perdía de vista, y en vez de los siete
colores vi muchos dedos gordos moviéndose río abajo.

179

Hace tiempo me había perdido de vista, ahora miro
nuevamente y me reconozco en las grietas fértiles de
la Candelaria, en una vida y una tierra que se siente
antigua, las montañas que nos miran y que nos guardan.
Me logro orientar con estos cerros orientales, en vez de
colinas con letras al norte. Me siento reflejada en un sitio
que frecuentemente piensa que soy extranjera.

180

Y de retorno acá, ya no puedo dejar que la distancia
elija que no nos veamos, ya que nos encontramos
nuevamente en el mismo lugar al mismo tiempo. Hay
una elección que no puedo ya evadir, y le doy cara a una
ilusión que guardé de lejos.

181

Pero cuando entramos a la tienda de zapatos en el
centro, atiborrada en el primer piso de zapatos de cuero
para todas las edades y llena en el segundo piso de
vinilos sobre vinilos viejos, me sentí extraña. Cada LP
estaba tan cuidado que no había ni un gramo de polvo
en mis manos cuando salimos. Sin rastro, así me sentí
hasta ese día, sin nada concreto de qué agarrarme.

182

Cuando una finge ser alguien más, ser una "imagen viva", se puede perder en el personaje. Y así hace más difícil que los otros la vean claramente. Pero con usted siempre sentí que nadie me había visto nunca tan claramente y permanecido al mismo tiempo tan enigmático para mí. Se convirtió en mi espejo. Y puede ser que sólo hacíamos lo mismo, que al pararnos uno en frente del otro sólo se viera el infinito de dos espejos enfrentados. Entre ellos, unos obituarios que se reflejan por siempre.

183

En mi época de blanco leí Rayuela: *"fuiste siempre un espejo terrible, una espantosa máquina de repeticiones, y lo que llamamos amarnos fue quizá que yo estaba de pie delante de vos, con una flor amarilla en la mano, y vos sostenían dos velas verdes y el tiempo soplaba contra nuestras caras una lenta lluvia de renuncias y despedidas y tickets de metro."*

184

Si, a veces lo que uno lee con tenacidad, también se vuelve cierto. Y hoy que escribo esto, una vida después, debo controlar el impulso de enviarle esa cita como le enviaba todo o que me recordaba a usted, que en un momento era todo lo que veía.

185

Pero nunca le llamamos amarnos. Y si voy a ser sincera, tampoco diría que mereciera el nombre. Era algo más oscuro, como el deseo. Era saber que algo como amarnos hubiera sido posible de no ser porque ninguno de los dos estaba dispuesto a rendirse.

186

- Usted es muy orgullosa. Elija cómo despedirse que yo ya le rogué mucho y yo no le ruego a nadie.
- ¿quién es el orgulloso?

187

¿Y fue ahí que me agarró del cuello?

188

En mi adolescencia tardía veía imágenes en Tumblr de brazos cortados con bisturí. Mi mamá se preocupaba, me decía que dejara de ver todas esas imágenes tan feas. Quería que buscara más bien la belleza.

189

El hedonismo también puede ser al dolor. Era lo que me imagino de pequeña sería comer dulces. Algo que me llenaba de un vacío.

190

Aunque dejé esta compulsión muy atrás me he preguntado si hay gente que lo puede cortar a uno, y si he buscado a veces esa euforia de la cortada en otros.

191

Quisiera escribir con otra tinta. Escribo esto porque no sé
cómo recuperarme, y más insidiosamente, no sé si haya
forma de recuperarme. Algo irreversible ha pasado, y
puede que lo único por hacer sea remendarme. Hacer
esos remiendos visibles que tanto me gustan, que dicen
que pese a usada, una prenda no ha dejado de ser amada.

192

Mi abuela me mostraba cómo coser, juntas le hacíamos
disfraces a mis Barbies. Aunque lo que realmente aprendí
fue a tejer y hacer crochet. Creábamos disfraces, y
también cortábamos calabazas en Halloween. Pero yo sola
estoy aprendiendo a remendar, ya hace rato no está mi
abuela en su cuerpo.

193

Tengo que reconocer cada uno de los retazos,
desenredar estos grandes nudos que se han formado,
para hacer mi gran colcha de colores que me cobijará
en el desierto. Una siempre se olvida de lo fríos que
son los desiertos en la noche. Cómo los vientos *ambulan
vagabundos sin dejar más que ruido y desolación.*

194

Para que una boa le enrede el cuerpo, una tiene que echarse al piso, Ofelia entre la tierra fría, y esperar su sepulcro.

195

Después de arrojarme de muchos puentes en Los Ángeles volví como Ofelia flotando en el río, con poca vida dentro de mí. Esperaba que una red me sacara como se sacan hojas de una piscina.

196

Yo Ofelia, y usted sintiéndose Hamlet, pero si la obra se hubiera llamado Ofelia, Hamlet sería la serpiente que la mordió para que se cayera al río.

197

Desde afuera, ¿no se ven iguales la disociación y el desapego? Claro, en una la separación es por algo que tuvo demasiado significado que pasó, y en el otro porque le dejamos de atribuir mayor significado a las cosas. A veces me gusta pretender que mi disociación es realmente desapego a lo mundano. De decir no estoy disociada, sino que no me afecta eso. Es la ofuscación más tenaz a la que me he sometido.

198

La memoria ayuda a esta confusión, cómo se agujerea en los momentos de trauma como en los que no pasa nada. Por eso pregunto si ahí me tomó del cuello porque no me acuerdo, el tiempo fue cortado en trozos y solo veo las piezas sin ningún hilo. Nada importa, todo importa. Lo reprimí, lo olvidé.

199

Me separo de mi cuerpo, como si lo que le pasase
no tuviera nada que ver conmigo. Yo solo observo
ese cuerpo extraño como en una pantalla. Sin que
me involucre. Soy espectadora y al mismo tiempo
actriz, y así la que ven no es la misma que la que está
observándolos mientras la ven. Veo los árboles alrededor
del río y el cielo de fondo, y veo a Ofelia flotando desde
el ojo de un pájaro posado en los árboles. Ninguna soy
yo. Es decir, no soy más una que la otra. Soy las dos, la
que miran, y la que la mira.

200

En otros rituales chamánicos, además del del hilo rojo,
se extrae un gusano del ombligo, la enfermedad, que
luego se quema. Se succiona con un aparato y sale el
cuerpo extraño que fue introducido por el maleficio. Al
verlo quemar el paciente se mejora. Que alivio debe ser
saber que había algo actuando sobre uno y que uno ya lo
expulsó por completo, quemándolo. Quemar algo altera
su composición química.

201

Deseo que el vacío en mi estómago se llene de gracia,
y al desear me decepciono. Porque la gracia no puede
ser ganada, se da libremente, es un regalo. El cuento
más tenaz que me he leído, que se ha quedado conmigo
durante años tras escucharlo en un podcast manejando
hacia el colegio donde trabajaba, es sobre un monje
jesuita, Finn, que se une a la orden pese a que es actor
y no parece estar bien dispuesto a la vida de monje.
En el cuento, el padre superior del seminario decía eso
sobre la gracia, que es algo que no se puede merecer,
que Dios simplemente da. El cuento fue escrito por John
L'Heureux, un ex-cura jesuita.

202

Lo que más me quedó de ese cuento es la conversación de Finn con un padre que estuvo en el Bataan Death March sobre el suicidio de su amigo Riley. Finn dice que todo fue su culpa. El padre le dice que su inmenso acto de culpa propietaria al decir que Riley se suicidó porque Finn no lo abrazó muestra que es todo sobre Finn. El yo yo yo yo yo yo yo de los americanos como una ráfaga de escopeta que también describe Lessing. El cura le dice a Finn que debía haber estado creciendo en Cristo, pero que en vez ha estado creciendo en autosatisfacción, en sentirse virtuoso por cumplir con sus deberes y no cometer pecados. Y le dice *"I really think you should go; you should leave before you turn completely inward, and rot."* [Te deberías ir antes de que te voltees completamente hacia adentro, hacia tí mismo, y te pudras.]

203

Mis últimos meses en EEUU me repetía esas palabras, debo irme, me decía, antes de que solo exista yo yo yo yo yo yo. Pero si esa ametralladora del yo me afecta, es porque hay algo en mi que es susceptible a lo narciso, y a lo punitivo.

204

Entre tanto libro encargado de Clarice Lispector y lanas
y lanas de sacos que iba tejiendo, lo encontré a usted en
pandemia cuando los gastrobares abrieron. Me fui con
un cardigan gigante rosado tejido por mí, audaz ahí sí,
como una loca sin saber lo que vendría.

205

Estaba leyendo *Aprendizaje, o el Libro de los Placeres,* un
libro en que la protagonista es una mujer que está
aprendiendo a vivir del placer y no sólo del dolor,
y quién la está ayudando es un filósofo, alguien que
requiere de ella que aprenda del placer para que puedan
iniciar un romance.

-...Tu rostro, Lori, tiene un misterio de esfinge:
descíframe o te devoro
Ella se sorprendió de que también él hubiera notado lo
que ella veía de sí misma en el espejo.
- Mi misterio es simple: no sé cómo estar viva
- Es que tu solo sabes, o sabías, estar viva a través del
dolor.
- Eso
- ¿Y no sabes cómo estar viva a través del placer?
- Casi ya lo sé. Era eso lo que te quería decir.

206

Le envié una captura de ésta parte, y luego la publiqué,
porque sabía lo importante que era inflar y desinflar.
Porque no quiero que piensen que soy una inocente,
el juego estuvo claro desde el principio, y ambos lo
jugamos tan bien.

207

El juego era mistificar, ofuscar, mentir, tomar por
sorpresa. Ser opacos y deslumbrar solo con lo que se
quiere distraer. Estar siempre con un arma en mano, lista
a cuándo se necesitará. Y nunca dejar ver dónde se puede
herir, porque ahí es que se ataca. Pero yo me mostraba,
decía: acá soy vulnerable, acá quiero que me hiera. Y
usted era certero. Yo ponía la tela roja en mi vientre y
usted corría a toda velocidad. No puedo entonces fingir
inocencia cuando elegí meterme a la arena.

208

Esa primera noche me confesó que usted también
era filósofo. Y que su padre había sido un traqueto
pequeño, amigo de uno de los grandes traquetos de los
años ochenta, oriundo de un lugar al que he ido desde
pequeña, dónde todavía veneran al señor con el mayor
respeto. Dónde se supone que dejó un tesoro enterrado,
que todavía no se ha encontrado. El Dorado del siglo
XX. Todo vuelve.

209

Pero el único cacique moderno fue Diomedes. Todavía
escucho *Sin Medir Distancias* y pienso en cuando usted
me la dedicó. También sé que eso fue otra mentira, lo de
su padre.

210

Usted me dijo después que quería ser un traqueto académico, alguien de quién escribieran los académicos sin ser un académico usted. La gran contradicción del traqueto es que hace todo para ser visto, denominamos traqueto como adjetivo a todo lo ostentoso, lo dorado, el que está con reloj Rolex gigante manejando un Rolls Royce y con una Barbie operada. Pero esa misma visajosería es la que levanta sospechas y la que finalmente hace que los descubran. Cuántas historias no conocemos de grandes mafiosos que en sus últimos días vivían en escualidez y escondidos, tras haber tenido una mansión con zoológico. El traqueto ostenta pero debe ocultarse al mismo tiempo, una oscuridad sumergida en oro.

211

"Claro, es que según usted yo soy una trepadora," me dijo usted una vez porque le reclamé que había estado desaparecido hasta que lo invité a la casa de playa. Ya habíamos hablado de cómo usted quería ser parte del mundo en el que yo crecí y que cada vez más estaba rechazando.

212

Me hizo sentir como si yo midiera así el mundo, mirando qué quieren otros de mí, cómo se pueden aprovechar. Como si yo fuera prisionera de cucharas de plata. Pero además sabiendo cómo me avergonzaba el haber nacido con tanto privilegio.

213

Me rebajaba tanto que creía estar a punto de ver la cara de dios. No había un *high* como cuándo usted me decía algo así, tan bajo, sobre mí.

214

Y yo deseaba que apretara más fuerte.

215

Esta salsa resuena desde mis clases de baile cuando
esperaba fielmente a que me escribiera y me emocionaba
al sentir el celular vibrar aunque supiera que siempre
era alguien más que me había escrito, porque su única
consistencia es su inconsistencia:

amargura, señores que a veces me dá
la cura resulta más mala que la enfermedad

Ahora su favorita, Karol G, hizo un remix de la canción.
Cómo es que todo vuelve, pero nunca igual. Me gusta
más la original, de Frankie Ruiz.

216

El hilo de bordar es una serpiente que emerge y se
sumerge en la tierra de la tela. ¿Qué hay debajo, o del
otro lado? Sólo se conoce la calidad de la bordadora
por el estado de los hilos en la parte de atrás. Mis
proyectos normalmente se ven limpios por delante y
son un marullo por detrás, y así he sido desde pequeña:
altamente funcional. Me organizo del lado que se vé.

217

También he aprendido que uno puede sujetar algo con
una mano solo para perforarlo con la otra. En tal caso
toca dejar ir hasta de lo que lo está sosteniendo a uno.

218

El tambor resuena al ritmo de mi desolación. *El amor
también es triste.* Y el tambor puede ser pura nostalgia.

219

Lo puede hacer sentir a uno tan valioso, tan importante,
como da su atención penetrante, un regalo de calor que
abraza.

220

Un día me recuperaré, y llegará como si nada, en medio
de la rutina, la cicatriz se secará y se desprenderá,
revelando piel que ha ido resurgiendo. Miraré atrás y
me daré cuenta que la sanación pasó. Y me reiré. Lo sé,
pero se siente como un punto invisible en el horizonte.

221

Cuando empezamos a hablarnos duré un mes viviendo en la playa. Nadaba todos los días y me obsesionaba con el horizonte invisible que veía desde la mesa, almorzando. Me decía a mí misma que un día nadaría hasta el horizonte invisible a que me tragara.

222

"¿Qué pasaría si yo le hiciera lo mismo que usted me ha hecho y de la nada le dejara de escribir?" Me preguntó usted, y yo le dije, "seré libre." Y se que mis palabras filudas lo hirieron, pero más me hirió a mi sentir que yo no era dueña de mi libertad.

223

A mi copia de las Metamorfosis de Ovidio le crecieron hongos por haberla dejado sobre el ducto de aire acondicionado todo el primer año de la universidad. Contaba cómo del pecho amoratado de Narciso también crecieron sus flores, y como Dafne se volvió laurel.

224

Narciso evade ser visto, solo de soslayo. No se puede ver directamente la cara de quien solo se mira al espejo. Es visible solo una brizna, o el reflejo. Su cara se transforma en espejo. Se ahoga, se golpea y le crecen flores. Se enamora de lo más irreconocible: sí mismo.

225

Y como su cara solo existe como reflejo para los otros, asimismo existen los otros, vistos de soslayo, apariciones en la pantalla. Todas las caras que no se miran directamente no son más que máscaras.

226

Una niña-máscara mira desde la pantalla desafiante, diciendo "¿cómo te atreves a querer capturarme?" Y no sonreiré, porque es lo que tu quieres.

227

Y Dafne no solo se vuelve árbol, sino corona para quien la quiere para sí.

228

Me acuesto entre narcisos y laureles sintiendo el temblor de la tierra, cómo va creciendo el río. Es primavera, todo lo muerto renace y yo dejo que me renazcan. Ya no seré Ofelia, tirándome en el suelo esperando a la boa.

229

Me veo al río y lo que veo es monstruoso, no es mi reflejo, ni el suyo. Lo que se refleja no es una representación fiel del uno ni del otro. Sino lo que yo creo de mí misma, quién creo que soy. Lo que creo merecer y usted me ha dado.

230

Nunca he sabido clavarme al agua, pero sé saltar. Si está muy alto el acantilado, una se puede romper todos los huesos.

231

Eso fue lo que creí que pasaría en *Bonjour, Tristesse*. Qué
habilidad de los franceses de capturar una tristeza sin
fondo, como la de Kafka. Una tristeza que todo lo traga.
No es necesaria la gran caída, cuando algo se quiebra
dentro de uno.

232

El río se está devolviendo, es una regresión de muchos
años, he estado yendo cada vez más adentro, me he
tornado del caos que llamo afuera, después de todo los
hilos se enmarullaron allá también, un reflejo de lo que
tanto había querido ocultar.

233

El poder aplacador de lo grande, cruzar la más grande agua.
El Atlántico, el Pacífico. *El cielo dentro de la montaña, lo
creativo se llena y es amansado por el mantenerse quieto.* En
algún lugar de este continente de agua que llaman el
Caribe videos de vacas arrastradas por la corriente, sin
dormirse. Y entonces. En una camioneta pick-up un picó
y la gente bailando con el agua hasta la cadera. Qué otra
respuesta puede haber.

234

Mis padres se conocieron en un festival de música del Caribe, en la plaza de la Serrezuela, antes un estadio de madera, ahora un centro comercial de cosas caras.

235

Me lo imagino bailando, debe bailar sabroso. Me lo imagino comprando perfumes caros, camisas bordadas en la costa. Me llena de nostalgia, todavía. Y deseo de sufrir.

236

Creo que lo más importante ante unas olas revueltas, una marea que se aleja arrastrádnolo con uno, es mantener la calma. El ahogado pierde la calma y se fatiga chapoteando sin moverse de lugar.

237

Quiero que sepa, si alguna vez lee esto, que no ha sido la única persona, ni siquiera la primera, o la última, a la que le envíe el libro de Bluets de Maggie Nelson, con esta parte subrayada:

238

238. I want you to know, if you ever read this, there was a time I would rather have had you by my side than any of these words. I would rather have had you by my side than all the blue in the world.

(Quiero que sepas, si alguna vez lees esto, que hubo un tiempo en que hubiera preferido tenerte a mi lado que cualquiera de estas palabras. Hubiera preferido tenerte a mi lado que todo el azul del mundo.)

239

Conozco una niña que mira a la cámara con cara tal vez no desafiante, sino de máscara. Hermética, misteriosa. Una niña de cuatro años que no revela nada, mira directamente a la cámara como una afronta. Dice "no me conoces." Es el rostro estudiado de actriz que nada revela.

240

Esa niña me mira a través de la pantalla y reconozco su cara, el deseo de solo mirar, sin ser vista.

241

¿Cómo se distingue, siendo actriz, la personalidad del personaje?

242

Ser actriz es devorarse silencios enormes sin querer engordar. Distraer lo que se cuenta. Bailar en tacones sonriendo la presión. Ponerse una cara ajena, día tras día, hasta que la cara propia se confunda.

243

No se puede devolver, una vez la cara haya perdido su forma. Dafne será laurel por siempre.

244

Pero esa escultura, verla en persona, no produjo tanto en mí como el *Éxtasis de Santa Teresa*, también de Bernini.

245

La sensación de gracia, de euforia, es tan diferente a la de obtener lo deseado. Con usted sentía una subida de montaña rusa, una intranquila anticipación de la caída. Aparecía y estaba presente y yo me preparaba para la ausencia esperada. La gracia necesita un vacío neutro, sin subir ni bajar. No se precipita.

246

En esa época empezaba poemas que no terminaba, con líneas como "Estoy intentando escribir sobre las máscaras que uso, pero no sé qué máscara usar para escribirlo aún."

247

Veía a mi psicoanalista por el teléfono y le hablaba de
que siempre había tenido puesta una máscara y que
ahora no sabía cómo quitármela. De que ya no sabía ser
algo más que el reflejo que ven los demás, que en eso me
había convertido.

248

Mi vergüenza de Espejo, lo llamo a usted tambien, que
no es exactamente *looking-glass shame* de Virginia Woolf.

249

*La soledad es lo que cada escritor merece por sus traiciones
despiadadas - contando las historias de otros a su manera - y lo
que cada actriz merece por todas las intimidades que ha ofrecido,
por su belleza, y seducción, en las que la actriz cree o no.*

250

Hilton Als, cómo hieres en el secreto. Ser escritora y
actriz son dos lados de los mismo, en la mitad es el
observar. ¿Qué diferencia real hace el ser quién observa,
y ser quien está siendo observada? En la soledad no hay
ninguna. En una multitud la soledad permanece.

251

*Or that is all one's life becomes – what Proust called "reciprocal
torture," or what Virginia Woolf called her looking-glass shame.
Perhaps they did what I sought to do: to become the living
embodiment of everything being nothing at all, this Death we
live, this life the living never fully comprehend, or claim.* Y
acá no traduzco porque el espejo no es lo mismo que un
looking glass. Porque soledad puede ser tanto *loneliness*
como *solitude*. Y no es para decir que el inglés es más
preciso, sino que el lenguaje también nos orienta. Cada
traducción es un acto de fé.

252

Ven cómo ni siquiera guardo mis propios secretos. Hay algo en la proximidad entre secreto y secretar, pero así volveríamos en espiral. Realmente un secreto existe solamente al ser revelado, de otra forma, sólo existe para una. Y eso es lo que nos separa del mundo. En mi infancia me inventé un lenguaje de jeroglíficos, un lenguaje en código, para que aunque leyeran lo que escribiera no lo entendieran.

253

Yo soy la felicidad de este mundo, y cuántos me creyeron.

254

No puedo hacer mayor cosa con los mensajes que me ha enviado, ni crea tampoco que este escrito es sobre usted. Porque si no lo veo claramente, como dijo, es entonces sobre mi visión errada, los espejismos que encuentro en terrenos despojados.

255

Creer en usted fue crearle un culto a lo muerto, porque
se llega cada vez al sitio de donde no se puede beber.
Basta con sacudirse y entrar a la ciudad, o abrir un
cactus con cuidado a las puyas, bebiendo su jugo interior.

256

Me desorienté en el mundo, mis pasos sobre la vastedad
del desierto, o del mar, se ven iguales. Y son ambos
inhóspitos después de un tiempo. Los cerros han
marcado todo tipo de límites que ya he cruzado, los veo
sosteniendo y orientando ríos y migraciones.

257

Y me topo con el espejo. Me veo así, fijada caminando sobre el agua, sobre la arena, sobre un abismo hecho de partículas. Y trato de tocar el reflejo con mi pata pero se desmorona, miles de pedacitos de vidrio se precipitan sobre mí, haciendo pequeñas cortadas por todo mi cuerpo.

258

Es realmente una cascada que encontré, y que estoy cruzando, un portal hacia otro lado. Todavía no se ajustan mis ojos, no sé muy bien qué hay ahí.

NOTAS DE FUENTES

Estas notas corresponden a palabras de otros, a veces ya citados explícitamente en la obra. El número corresponde al número de cada poema, y cuando no es mencionado, la obra/canción/persona es de quién provienen las palabras en cursiva. Varios textos fueron traducidos por mí del inglés, aunque exista la traducción al español, porque conocía la obra en inglés y se adaptaba más la traducción con mi propio lenguaje, aunque me mantuve lo más fiel posible. En algunos casos, las obras que cito no fueron escritas originalmente en inglés. En esos casos incluyo el nombre del traductor al inglés. La refracción de dos traducciones consecutivas muestra las manos – la mía y la del traductor por la que pasó el texto. Siendo esta una colección de poemas, la traducción es también un proceso creativo. Hay casos en los que no traduzco y espero que uno de los últimos fragmentos explique el por qué. En otros casos lo hice a regañadientes, como el de David Foster Wallace (a quién a veces me refiero por "DFW") y *El Rey Pálido,* en que usé la traducción existente para favorecer la comprensión de lo que decía, pero creo que es un fragmento que vale la pena visitar en su original, y acá lo incluyo, en el 110, para que lo lean. Esta lista tampoco es exhaustiva, ya que hay libros que nombro por completo y de los que no extraigo citas ya en el cuerpo del texto, que no me parece necesario repetir acá. También hay alusiones que pueden enriquecer la lectura de quien las lea, como cuando digo "el llano está en llamas", pero que tampoco incluyo acá.

0. Imagén de portada por Santiago Ambrosio Samper Salazar

5. Jackie Wang, *The Sunflower Cast a Spell to Save us from the Void*

9. Carl G. Jung, *Memories, Dream, Reflections* (editado por Aniela Jaffè y traducido del alemán al inglés por Richard y Clara Winston)

12. Félix Guattari y Gilles Deleuze, *A Thousand Plateaus: Capitalism and Schizophrenia* (traducido del francés al inglés por Brian Massumi)

19. Fragmento del poema *Pleasure & Understanding* del libro *Voyage of the Sable Venus* por Robin Coste Lewis

21. Roland Barthes, *A Lover's Discourse* (traducido del francés por Richard Howard)

25. Virginia Woolf, *The Waves*

27. Carl G. Jung, *Memories, Dream, Reflections* (editado por Aniela Jaffè y traducido del alemán al inglés por Richard y Clara Winston. La cita de Hölderlin y el enfásis son del original)

31. Joan Didion, del ensayo titulado "Doris Lessing" en *The White Album*

33. David Foster Wallace, *This is Water*

35. Andres Caicedo, *¡Que Viva la Música!*

36. Doris Lessing, *The Golden Notebook*

37. Andres Caicedo, *¡Que Viva la Música!*

47. Rihanna - *Never Ending*

58. Leonard Cohen – palabras en cursive son de la canción *There is a crack in everything*

63. Albert Camus, *The Myth of Sisyphus* (traducido del francés al inglés por Justin O'Brien)

65. W.B. Yeats, fragmento del poema *The Second Coming*

73 -75. Lars von Trier – *Melancholia*. La trilogía son: *Antichrist, Melancholia y Nymphomaniac (I y II)*

77. Simone Weil, *Waiting for God* (traducido del francés al inglés por Emma Craufurd)

82-84. Carl G. Jung, *Memories, Dream, Reflections* (editado por Aniela Jaffè y traducido del alemán al inglés por Richard y Clara Winston)

85. Fernando Pessoa, *The Book of Disquiet* (traducido del portugués al inglés por Richard Zenith)

87. Alejandra Pizarnik, último poema de la colección *Poesía Completa*, editada por Ana Becciu, que añade en la nota en la página: "Hallado tal cual se reproduce, escrito con tiza en el pizarrón de su cuarto de trabajo".

96. Clarice Lispector, *Aprendizaje o El Libro de los Placeres* (traducción del portugués de Cristina Sáenz de Tejada y Juan García Cayo)

97. Simone Weil, *Gravity and Grace* (traducido del francés al inglés por Emma Craufurd y Mario von der Ruhr)

104. Clarice Lispector, *Agua Viva* (traducción del portugués de Elena Posada)

108. Fernando Pessoa, *The Book of Disquiet* (traducido del portugués al inglés por Richard Zenith)

110. David Foster Wallace, *El Rey Pálido* (traducción del inglés por Javier Calvo Perales). En el inglés se lee: "To experience commitment as the loss of options, a type of death, the death of childhood's limitless possibility, of the flattery of choice without duress this will happen, mark me. Childhood's end."

113. Deborah C. Stewart, Lisa Marchiano, Joseph R. Lee, *This Jungian Life Podcast,* Episode 72- Puer & Puella: Trapped in the Inner Child

114. Albert Camus, *The Myth of Sisyphus* (traducido del francés al inglés por Justin O'Brien)
116. James Baldwin, *The Fire Next Time*
117-118. Elaine Scarry, *The Body in Pain*
119. Bessel van der Kolk, *The Body Keeps the Score*
120. James Baldwin, *The Fire Next Time*
126. Walter Benjamin, del ensayo *"The Destructive Character"* en *Walter Benjamin: Selected Writings Volume 2, Part 2, 1931-1934* (editado por Michael W. Jennings, Howard Eiland y Gary Smith, traducido del alemán al inglés por Rodney Livingston y otros)
128. Virginia Woolf, *The Waves*
139. Michel Foucault, *Dits et Ecrits*, tome IV (mi traducción del francés)
146. Gabriel García Marquez, en *Cien Años de Soledad* pone a Ursula a decirle a Fernanda, la cachaca, que "es de las que confunde el culo con las témporas".
153. Jorge Luis Borges, del cuento "El Inmortal" de *El Aleph*
154. Luis Flórez et al., Instituto Caro y Cuervo, *Atlas Lingüístico y Etnográfico de Colombia (ALEC)*, del Tomo 3, Tema: Familia y ciclos de Vida, MURIÓ, SE MURIÓ (I, II, III). Disponisble en: https://alec.caroycuervo.gov.co/alec/
157. Álvaro Estrada, *Vida de María Sabina*
164. Wikipedia: https://en.wikipedia.org/wiki/Sphinx
170. Maria Elvira Escallón hizo una exposición centrada en este aerolito, en *Pequeño Museo del Aerolito de Santa Rosa de Viterbo* en los museos del Banco de la República: https://www.banrepcultural.org/exposiciones/maria-elvira-escallon/pequeno-museo-del-aerolito-de-santa-rosa-de-viterbo

183. Julio Cortázar, *Rayuela*

193. José Eustacio Rivera, *La Vorágine*

195. Cuando menciono a Ofelia pienso no solo en el personaje de Hamlet, sino en la pintura *Ophelia* por John Everett Millais, también referenciada por Lars von Trier en *Melancholia*.

202. John L'Heureux, *The Long Black Line*, publicado por The New Yorker y Doris Lessing, *The Golden Notebook*

205. Clarice Lispector, *Aprendizaje o El Libro de los Placeres* (traducción del portugués de Cristina Sáenz de Tejada y Juan García Cayo)

209. Diomedes Diaz – *Sin Medir Distancias*

215. Frankie Ruiz - *La Cura*

218. Ana T. *El Amor También es Triste* (2021) - Cártel Impreso en la Linterna Cali. Visto en las calles de la ciudad de Oaxaca en 2021.

231. Otto Preminger – *Bonjour Tristesse*, película trágica con la actuación de la actriz trágica Jean Seberg.

233. Las líneas en cursiva son del antiguo libro/ oráculo chino *I-Ching: El Libro de las Mutaciones* (traducido al alemán por Richard Wilheim y al español por D.J. Vogelmann)

238. Maggie Nelson, *Bluets*

243, 244. Esculturas en mármol de Gian lorenzo Bernini, *Apolo y Dafne* y *El éxtasis de Santa teresa*, que se encuentran en Roma.

249-251, 253. Hilton Als, del ensayo *I am the Happiness of this World*, en la colección *White Girls*